CATALOGUE

DE

TABLEAUX

ANCIENS

DES ÉCOLES

FRANÇAISE, FLAMANDE, HOLLANDAISE & ITALIENNE

PARMI LESQUELS ON REMARQUE :

Les Noces de l'Amour et Psyché,

PAR F. BOUCHER;

L'Enlèvement d'Europe,

PAR H. FRAGONARD;

Les Délassements de la Guerre,

PAR PATER;

DONT LA VENTE AUX ENCHÈRES PUBLIQUES AURA LIEU

HOTEL DROUOT

SALLE N° 2

Le Lundi 15 Avril 1867, à 2 heures.

Par le ministère de Mᵉ **ESCRIBE**, Commissaire-Priseur,
rue Saint-Honoré, 217,

Assisté de **M. DHIOS**, Expert, rue Le Peletier, 33,

CHEZ LESQUELS SE DISTRIBUE LE PRÉSENT CATALOGUE.

EXPOSITION PUBLIQUE

Le Dimanche 14 Avril 1867, de une heure à cinq heures.

PARIS — 1867

EXEMPLAIRE DE DHIOS

CATALOGUE

DE

TABLEAUX

ANCIENS

DES ÉCOLES

FRANÇAISE, FLAMANDE, HOLLANDAISE & ITALIENNE

PARMI LESQUELS ON REMARQUE :

Les Noces de l'Amour et Psyché,

PAR F. BOUCHER;

L'Enlèvement d'Europe,

PAR H. FRAGONARD;

Les Délassements de la Guerre,

PAR PATER;

DONT LA VENTE AUX ENCHÈRES PUBLIQUES AURA LIEU

HOTEL DROUOT

SALLE Nº 2

Le Lundi 15 Avril 1867, à 2 heures.

Par le ministère de Mᵉ **ESCRIBE**, Commissaire-Priseur,
rue Saint-Honoré, 217,

Assisté de **M. DHIOS**, Expert, rue Le Peletier, 33,

CHEZ LESQUELS SE DISTRIBUE LE PRÉSENT CATALOGUE.

EXPOSITION PUBLIQUE

Le DIMANCHE 14 Avril 1867, de une heure à cinq heures.

—⧉—

PARIS — 1867

CONDITIONS DE LA VENTE

Elle sera faite au comptant.

Les Acquéreurs paieront CINQ POUR CENT en sus du prix d'adjudication.

L'Exposition mettant les Acquéreurs à même de se rendre compte de l'état des Tableaux, il ne sera reçu aucune réclamation une fois l'adjudication prononcée.

DÉSIGNATION

DES

TABLEAUX

MONOYER (Baptiste)

60   1 — Fleurs dans une corbeille. —

19   2 — Fruits, Fleurs, Écureuil, Perroquet.

40   3 — Bouquets de Fleurs dans un vase.

BEGYN (Abraham)

223   4 — Le Passage du gué. Composition dans la ma-
nière de Berghem. Tableau d'une belle qualité.

BERRÉ

55   5 — Taureau, Vaches et Moutons.

BOILLY

35   6 — La Lisseuse.

BOUCHER (François)

830   7 — Les Noces de l'Amour et de Psyché dans
l'Olympe.
Toile. — H. 50 c. L. 46 c.

BOUCHER (Françols

8 — Herminie chez le Vannier.

9 — Bacchus et Amours. — Grisaille.

10 — Trompe-l'œil : dessins et attributs accrochés à une boiserie.

11 — Buste de jeune Fille.

BRUANDET

12 — Paysage animé de figures.

CASANOVA

13 — Paysage marine.

Sur le premier plan, un chariot près duquel on voit des marchands de poissons; à gauche, personnages au bord de la mer.

14 — Combat de cavalerie.

CHARDIN

15 — Nature morte, Vase d'argent, Légumes, Poissons.

16 — Portrait d'Homme.

CHARRIN (Fanny)

17 — Portrait d'Enfant. — Ovale, miniature sur ivoire.

CLERMONT

165   18 — Le Repos champêtre.

Toile. — H. 35 c. L. 27 c.

CUYP (A.)

26   19 — Portrait d'une jeune Infante des Pays-Bas.

DEMARNE

45   20 — La Lecture à la ferme.

DIETRICY

380   21 — Fête dans un parc. Charmante composition imitée de Watteau.

VAN FALENS

49   22 — Le Départ pour la chasse.

FRAGONARD (Honoré)

310   23 — L'Enlèvement d'Europe.

Bois. — H. 61 c. L. 43 c.

38   24 — Paysage animé de figures.

44   25 — Intérieur de ménage. Scène familière.

5.50   26 — Tête de vieillard.

FRAGONARD (École de)

10   27 — La Déclaration.

11   28 — Allégorie. L'Amour souffletant un Satyre.

DE FEDE GALLICIA (École lombarde)

29 — Fleurs et Fruits. Tableau très-fin.

GENTILLE DA FABRIANO (Attribué à)

30 — Triptyque : l'Adoration des Mages. Peinture sur fond d'or.

GIRODET

31 — Le Sommeil de Diane.

32 — Léda.

GRAVELOT

33 — L'Évanouissement. (Dessin.)

GREUZE (Attribué à)

34 — Portrait de jeune Paysanne.

GROMDON (Maître de Greuze)

35 — Un Garde de la reine Marie-Antoinette.

JORDAENS (JACQUES), D'après Rubens

36 — Saint-Christophe.

LANCRET (École de)

37 — Nicaise, ou le rendez-vous matinal.

LÉPICIÉ (École de)

38 — Buste de jeune Garçon.

LONGHI (D'après Watteau)

39 — Les Fêtes vénitiennes, avec quelques change-
ments de la gravure connue de L. Cars.

— 7 —

VAN LOO (Carle)

40 — La Sculpture.

41 — Portrait d'une jeune Dame de la cour de Loois XV. Elle est représentée à mi-corps jouant de la vielle.

LORENZO COSTA

42 — La Vierge et l'Enfant Jésus entourés de saint Georges et de sainte Catherine.

MER (Van der)

43 — Portrait d'Homme.

MEULEN (Vander)

44 — Portrait du maréchal de Turenne.

MEYNIER

45 — Mars et Vénus.

MICHEL

46 — Lisière d'un bois et Moulin.

MIGNARD (P.)

47 — Portrait de Femme avec perles dans les cheveux.

MOREAU (le jeune)

48 — Vue d'un Parc avec figures.

NATTIER (Attribué à)

49 — Portrait de Femme, époque Louis XV.

NEER (ARTHUR VAN DER)

50 — Vue d'un Canal de Hollande. Clair de lune.

NETSCHER (CONSTANTIN)

51 — Portrait de Femme.

PATER

51 bis — Le Camp ou les Délassements de la Guerre.

Bois. — H. 24 c. L. 20 c.

POELEMBOURG

52 — Nymphes au bain.

PRUD'HON (École de)

53 — Une Femme le bras appuyé sur un piédestal.

54 — Allégorie. (Esquisse.)

RAOUX

55 — Duo dans un Parc.

REMBRANDT (VAN RYN)

56 — Intérieur de Boucherie.

RIGAUD

57 — Portrait de Mme de Sévigné.

58 — Portrait de Femme en manteau de cour.

RUBENS (Attribué à P.-P.)

59 — Descente de croix, d'après Daniel de Volterre.

RUYSDAEL (Jacob)

60 — L'Ilot.

Charmant petit échantillon du maître.

RUYSDAEL (Salomon)

61 — Paysage. Une rivière de Hollande.

TIEPOLO (J.-B.)

62 — Allégorie. Motif de plafond.

TOURNIÈRES

63 — Portrait de Femme, toque à plumes.

UTRECH (Adrien Van, 1649)

64 — Gibier mort. Lièvre, Perdrix, etc.

VENNE (Vander)

65 — Fête dans un Parc.

Composition animée d'un grand nombre de personnages. Costumes du XVIe siècle.

VERBRUGEN

66 — Fleurs, Fruits et Figures.

Quatre tableaux décoratifs formant pendants.

VERNET (J.)

67 — Paysage avec pièce d'eau et pêcheurs sur le premier plan.

VERNET J. (École de)

68 — Marine, soleil couchant. Vue de la Tour de
Gênes.

WATTEAU, de Lille

69 — La Foire de Saint-Germain.

Belle composition animée d'un grand nombre de figures d'une touche fine et spirituelle.

WATTEAU (École de)

70 — Réunion galante dans un Parc.

WOVERS, 1650

71 — Sujet mythologique.

WYCK (Th.)

72 — Paysage avec débris d'architecture. Halte de
voyageurs près d'une fontaine.

ÉCOLE FRANÇAISE

73 — La Déclaration.

Jolie composition imitée de Watteau.

74 — Portrait de Femme, époque de Louis XIV.

75 — Paysage avec chute d'eau. Sur le premier plan
figures et cavalier.

76 — La Leçon de musique. Dessus de porte.

77 — La Bergère. Dessus de porte.

ÉCOLE FRANÇAISE.

78 — La Jeune Mère.

79 — Portrait d'Enfant tenant un pigeon.

80 — Tête de saint Jean-Baptiste.

81 — Portrait de jeune Fille drapée d'un manteau.

82 — Portrait de Femme. Ovale.

ÉCOLE ITALIENNE.

83 — L'Adoration des Bergers.

84 — Les Tableaux omis au Catalogue seront vendus sous ce numéro.

RENOU et MAULDE, imprimeurs de la Compagnie des Commissaires-Priseurs, rue de Rivoli, 144. 2962